HOMMAGE

RENDU

à M. l'Abbé Désir TIPHON

Curé du Taillan

DÉCÉDÉ LE 14 SEPTEMBRE 1886

———— ✳ ————

BORDEAUX

IMPRIMERIE VICTOR CRESPY, RUE GOUVION, 18-20.

——

1886

HOMMAGE

RENDU

à M. l'Abbé Désir TIPHON

Curé du Taillan

DÉCÉDÉ LE 14 SEPTEMBRE 1886

———— ✳ ————

BORDEAUX

IMPRIMERIE VICTOR CRESPY, RUE GOUVION, 18-20.

1886

Le 14 Septembre 1886 !...

Cette date... la population du Taillan et le clergé du diocèse de Bordeaux ne l'oublieront jamais.

Elle rappelle le jour où la mort ravit à leur affection M. l'abbé Désir Tiphon, curé du Taillan.

Epuisé par les travaux incessants de son pieux ministère, le bon prêtre, qui avait jusque-là possédé la plus parfaite santé, mourait après une courte maladie, comme meurent les saints, et allait jouir dans le Ciel du repos qu'il n'avait jamais voulu s'accorder ici-bas.

Quand la nouvelle de ce douloureux événement vint surprendre ses nombreux amis et les enfants confiés à sa garde, elle excita une véritable explosion de regrets. La tristesse gagna tous les cœurs et fit couler de bien amères larmes.

Aussi, le jour de ses funérailles fut-il sans doute pour tous un jour de deuil, mais il fut assurément pour lui un jour de triomphe. Tous voulurent saluer leur ami, leur père, et l'accompagner en pleurant à sa dernière demeure.

Les journaux de Bordeaux annoncèrent la mort du Pasteur et firent son éloge.

Parmi eux, l'*Aquitaine* disait :

« Jeudi dernier, on célébrait au Taillan les obsèques de M. l'abbé Tiphon, curé de cette paroisse.

» La population tout entière était en deuil, car elle venait de perdre l'un de ces hommes dont le caractère, l'aménité, la douceur, la condescendance, la charité laissent après eux d'impérissables souvenirs.

» La cérémonie avait été organisée par les soins de M. le chanoine Castex, l'ami si dévoué, le frère d'armes du regretté pasteur, et elle fut présidée par M. l'abbé Gervais, vicaire général, qui y représentait Mgr l'Archevêque.

» Le Conseil de fabrique, le Maire, le Conseil municipal, une députation de diverses congrégations religieuses, les sociétés d'hommes, de femmes, d'enfants, toutes les écoles, s'étaient joints à la foule immense accourue d'un peu partout, et formaient un interminable cortège dont le recueillement témoignait de bien sincères regrets.

» Le char funèbre, précédé de trente-cinq prêtres et surchargé de splendides couronnes, traversa les rues du bourg jonchées de fleurs, pendant que le glas des morts s'harmonisait avec les mélodies religieuses.

» Le vénérable archiprêtre de la Réole et M. le curé d'Eysines, les frères du défunt, la famille et les nombreux amis suivaient de près, en confondant leurs regrets.

» M. le Maire, le Président du Conseil de fabrique, M. le curé de Saint-Bruno, M. Lapène, M. le curé de Ludon, M. Barrière portaient les glands du poêle.

» Au milieu de l'église, entièrement voilée de crêpes noirs, un magnifique catafalque, entouré de mille feux et chargé de fleurs, reçut les dépouilles mortelles du pasteur.

» Dans le chœur on apercevait M. le Vicaire Général, MM. les chanoines Tourreau, Pardiac, Jarris, Castex et Castaing, M. le curé de Saint-Bruno, M. le doyen de Blanquefort avec tous les prêtres du canton et les anciens vicaires de La Réole. M. le curé de Saint-Médard dirigeait les cérémonies.

» M. de l'Eguille chanta la messe.

» A l'évangile, M. le chanoine Castex prononça l'éloge funèbre du pasteur avec une éloquence et une émotion qui provoquèrent d'intarissables larmes. Puis au moment de l'absoute, M. le Vicaire Général, dans une allocution pleine de cœur, pleura à son tour sur le saint prêtre que la paroisse du Taillan et l'Eglise de Bordeaux venaient de perdre.

» Quand l'office religieux fut terminé, on transporta une dernière fois les restes vénérés de M. Tiphon sur la place publique, où MM. Lapène et Dubourdieu dirent un adieu touchant au pasteur que la paroisse du Taillan n'oubliera jamais!!! »

Quand vint le soir, une escorte d'honneur accompagna le saint Prêtre jusqu'à Lamothe-Landerron, à quelques pas de son berceau, et le déposa dans le tombeau de son inconsolable famille.

Des liens sacrés l'avaient attaché à sa paroisse natale,

depuis surtout que, grâce à la haute influence du cardinal Donnet, il avait contribué avec ses frères à la doter d'un titre paroissial dont la suppression a excité parmi les habitants de Saint-Albert d'unanimes regrets.

Le *Courrier de la Gironde* disait à son tour :

Avant-hier, jeudi, la population presque entière du Taillan accompagnait à l'église la dépouille mortelle du vénérable pasteur qui, pendant dix-neuf ans, s'était prodigué avec une si infatigable ardeur au service des âmes que Dieu avait confiées à sa garde. Aussi les funérailles de M. l'abbé Tiphon ont-elles été une pieuse et magnifique manifestation. Le long cortège qui suivait le corps ressemblait à un cortège triomphal : le char funèbre disparaissant sous l'amoncellement de splendides couronnes offertes par les nombreux amis du défunt, par les communautés religieuses, par les écoles congréganistes et laïques, était précédé de jeunes filles vêtues de blanc et portant de riches bannières, et les chants liturgiques se mêlaient aux sanglots et aux louanges de tous ceux qui avaient pu apprécier le bon curé du Taillan.

Le Maire, les membres du Conseil municipal, des délégations de Frères de la Doctrine chrétienne et de Sœurs du Bon Pasteur formaient une escorte d'honneur à laquelle s'étaient joints plus de trente prêtres, parmi lesquels M. Gervais, ancien vicaire général; M. Tourreau, curé de Notre-Dame, et la plupart des curés voisins. Tous avaient quitté la retraite pastorale pour venir rendre hommage à celui qui avait été un des fils les plus accomplis de la grande famille sacerdotale.

Dans une touchante allocution, M. le chanoine Castex s'est efforcé de remémorer les principaux traits de la vie du défunt. Il a montré le vénérable prêtre entrant dans la milice sainte dès l'année 1851, se faisant remarquer par son zèle éclairé et sa charité évangélique pendant son double vicariat à Sainte-Croix et à Saint-Louis, puis dans un long ministère au Taillan, semant enfin sa longue carrière pastorale de saintes œuvres et se faisant auprès de ses paroissiens, et suivant la parole de l'apôtre, tout à tous, pour les ramener tous à Jésus-Christ.

A l'issue de la messe, M. l'abbé Gervais, avant de donner l'absoute, a, lui aussi, parlé aux fidèles de celui qui venait de les quitter pour se reposer dans le Seigneur. Avec cette éloquence du cœur dont il a le secret, le pieux orateur a salué celui dont les funérailles provoquaient une telle explosion de regrets et de douleurs et dont le souvenir demeurerait impérissable dans la mémoire de tous ceux qui l'avaient connu.

A la sortie de l'église, M. Ferdinand Lapène a adressé un dernier adieu au vénérable défunt, et l'a supplié de continuer, du haut du ciel, à protéger cette paroisse, où, pendant dix-neuf ans, il avait exercé son pieux et fécond apostolat.

Un brave cultivateur a enfin pris la parole au nom de la jeunesse du Taillan, et remercié le bon pasteur, dont l'admirable dévouement avait su inspirer à tous l'estime la plus profonde et la plus filiale sympathie.

Après avoir jeté un dernier et long regard sur le cercueil semé de roses blanches, la foule s'est écoulée lentement, parlant encore de celui que la Providence avait ravi à son affection pour lui donner plus tôt l'éternelle récompense qu'il avait si bien méritée.

ALLOCUTION

DE

Monsieur l'abbé CASTEX

Chanoine honoraire de Bordeaux et de la Guadeloupe.

> *Quod fuit ab initio, quod audivimus, quod vidimus oculis nostris, quod perspeximus et manus nostræ contrectaverunt annuntiamus vobis.*
>
> Nous vous raconterons ce qu'il fut au matin de sa vie, ce que l'on nous a dit de lui, ce que nous avons vu de nos propres yeux, ce que nous avons touché de nos mains.
>
> Ier, Saint Jean, I, I.

Messieurs,

Mes Frères,

L'épreuve à laquelle la Providence nous soumet aujourd'hui est tellement douloureuse, tellement imprévue, que notre esprit se refuse à y croire, alors même que nos yeux en contemplent la triste réalité.

Comment, en effet, se faire à l'idée que le père bien-aimé qui nous consacra pendant dix-neuf ans ses soins, ses conseils, sa vie, est celui-là même que nous conduisons en ce moment au lieu du repos éternel ! Comment nous persuaderons-nous que nous ne verrons plus celui que nous rencontrions il y a quelques jours à peine alerte, gai, plein de force et de santé !

A vous voir si nombreux réunis dans cette pieuse enceinte, je serais porté à croire que vous êtes venus saluer le retour du père dont vous aviez tant regretté le départ..... Mais non, ce qui devait être n'est pas ce qui est, et l'adieu que nous venons dire au vénérable curé du Taillan est bien l'éternel adieu !

Dans ces jours de tristesse, mes Frères, mon cœur s'est épanché dans celui du Seigneur, et j'étais presque tenté de murmurer de ce qu'il nous soumettait à une si cruelle épreuve, lorsque j'entendis sonner dans le Ciel l'heure où le saint Prêtre allait recevoir la récompense de ses mérites. Il ne convenait plus de pleurer, mais de puiser dans cette espérance éminemment chrétienne un adoucissement à votre douleur et à la mienne.

Je ne sens pas moins l'immensité de votre perte et je partage toute l'amertume de vos regrets. La mort, de sa main cruelle, vous enlève le plus doux et le plus dévoué des pères ; à moi, elle enlève un ami et un modèle accompli. Aussi ne serez-vous pas surpris de me voir jeter un voile sur sa dépouille mortelle, pour suivre en pleurant sa trace encore vivante dans un passé qui peut seul nous le montrer maintenant tel qu'il fut.

N'attendez pas de moi ce qu'on appelle, dans le langage de l'Eglise, une oraison funèbre ; il me faudrait, pour la faire, plus de temps que la mort ne m'en laisse ; entre elle et le tombeau, il faudrait que l'émotion n'eût pas si violemment bouleversé mon cœur, que mes larmes n'eussent pas noyé mes yeux ; il faudrait enfin que j'eusse des ressources que je n'ai pas pour exécuter un plan que d'autres rempliraient si bien !

Mais, semblable au disciple bien-aimé qui se plaisait à raconter à ses enfants les actions merveilleuses du Divin Maître, je remonterai rapidement le courant des années et je chercherai dans l'*enfance*, l'*adolescence* et l'*âge mûr* de notre regretté Pasteur, ce qu'il fut au commencement de sa vie, ce dont nous avons été les témoins, ce que nous avons entendu de sa bouche, ce que nous avons touché de nos mains.

Tel sera le sujet de cet entretien, consacré à la mémoire de M. l'abbé Désir Tiphon, curé du Taillan.

Il naquit à Lamothe–Landerron le 9 avril 1828.

Mais déjà, au jour de sa naissance, il survint l'un de ces événements merveilleux qui prédisposent le cœur aux plus suaves épanchements. Un frère naissait en même temps que lui, s'entrelaçait dans ses bras et semblait lui promettre de ne le quitter jamais. Le même cœur battait dans leur poitrine, et leur âme s'excitait aux sources de la même vie. Tous deux sucèrent le même lait, partagèrent le même berceau, reçurent les mêmes soins, les mêmes caresses, le même amour! Ils avaient les mêmes traits, et leur ressemblance était si frappante, que leurs parents même ne les distinguaient pas entre eux.

Mais cette similitude extérieure n'était que le symbole de leur ressemblance morale; ils avaient les mêmes goûts, les mêmes qualités, les mêmes vertus... Ils devaient suivre plus tard les mêmes études, recevoir ensemble l'onction sacerdotale, creuser ensemble et côte à côte leur sillon dans le champ du père de famille; plus tard, ils devaient mêler leur vie, se confondre dans un mutuel amour, se perdre ensemble dans l'éternel bonheur et partager ensemble le même tombeau, comme ils avaient partagé le même berceau !

O vous qui nous restez encore, dites-nous les douceurs de cette ravissante harmonie ; révélez-nous les bontés séduisantes qui l'entretenaient, le prix que vous y attachiez, le charme que votre frère y apportait ; dites-nous si la mort a tout détruit, tout ruiné, tout anéanti ! Je ne puis le croire ; le Seigneur a pu briser un instant les liens matériels qui vous ont unis l'un à l'autre pendant près de soixante ans, mais il n'a pas séparé vos âmes ; vous continuerez à vous entretenir avec la sienne, jusqu'à ce que vous alliez rejoindre votre frère au Ciel.

Mais une autre source de bonheur s'offrait encore à ces jeunes enfants. Au matin de leur vie, ils aperçurent une mère chrétienne penchée sur leur berceau, uniquement occupée à jeter dans leur âme naissante le germe des vertus dont il vous a été donné de contempler l'admirable épanouissement. Sous son heureuse impulsion, ils contractèrent de bonne heure l'habitude de l'obéissance aux lois de la famille, du respect aux lois de Dieu, et s'exercèrent, au contact édifiant de leur père et de leur mère, à la pratique des devoirs qu'ils auraient bientôt à remplir.

Heureux, mes Frères, les enfants qui trouvent, comme ceux dont je parle, au foyer domestique, les graves leçons destinées à diriger leur inexpérience, et de beaux modèles à imiter. Ils font avec succès l'apprentissage difficile de la vie, et quand vient le temps de s'y lancer sans guide et sans soutien, ils savent s'y maintenir seuls, comme les monuments achevés dont on a enlevé les échafaudages.

Quand les deux enfants eurent grandi, quand leur intelligence suffisamment développée leur permit d'envisager sans faiblesse l'avenir tel que Dieu le leur préparait, on ne trouva pas chez eux la moindre hésitation. Ils avaient, comme Samuel, entendu la voix du Maître, et ils répondirent ensemble : Seigneur, vous nous avez appelés : nous voici !

Et voilà qu'aussitôt ils saluent leur délicieux asile de Saint-Albert, et ils courent donner à Dieu les premières pulsations d'un cœur qui ne battra plus désormais que pour lui.

Il existait alors dans la petite rue du Colisée, de Bordeaux, une vaste maison appuyée contre les ruines du Palais-Gallien, qui servait d'école préparatoire aux jeunes lévites de la Tribu de Dieu. On l'appelait la petite communauté, parce qu'elle était comme le berceau de cette génération sacerdotale dont on n'a pu compter les services, tant ils sont nombreux. Les deux enfants vinrent y abriter leur innocence et se préparer dans l'étude et la prière à la mission sublime qu'ils devaient remplir un jour.

Les prémices des choses, dit l'Esprit-Saint, appartiennent à Dieu, *primitiæ Domini sunt*. Il avait prescrit dans l'ancienne loi de les lui offrir, et s'il aimait alors le sacrifice des tourterelles au sortir du nid de leur mère, du jeune agneau qui tétait encore, de la génisse jaune et blanche qui n'avait pas encore porté le joug, il n'a pas cessé de préférer l'innocence de l'enfant qui n'a pas encore connu les mystères de la vie ; il aime toujours de préférence nos premières pensées, nos premiers sentiments, notre premier amour !

Ah ! qui vous dira, mes Frères, la générosité de ce cœur d'enfant; qui vous dépeindra les élans de cette jeune âme se portant vers Dieu, comme un second Louis de Gonzague, avec toute l'ardeur de son amour !

Mais deux années ont suffi à ces jeunes enfants pour leur laisser parcourir le programme qu'enseigne la petite communauté. Maintenant, ils vont poursuivre le cours de leurs études au Petit Séminaire, sous la direction de cet homme providentiel dont nous, qui vieillissons, gardons un impérissable souvenir; et puis, ils iront achever leurs études théologiques dans cette riche pépinière où les sages disciples de Saint-Sulpice forment, à Paris, de nouveaux apôtres et de vaillants défenseurs de la Religion.

Bientôt l'orage va gronder dans un ciel troublé par les dissensions populaires; les gouvernements se succèdent avec une rapidité vertigineuse, le sang coulera dans les rues de Paris; mais les jeunes lévites n'ont nul souci des choses de ce monde; ils vivent retirés, à l'abri du sanctuaire, dans ces régions sereines où l'on voit Dieu, où l'on ne songe qu'à sa gloire. Témoins involontaires des luttes intestines qui troublèrent alors le monde et divisèrent les hommes, ils apprirent à refouler au fond de leur cœur les opinions de leur choix, et depuis, rien ne vint jamais trahir une résolution capable de nuire au succès de leur ministère.

L'orage pourra gronder encore, les trônes s'écrouleront, les luttes politiques se renouvelleront, mais eux, calmes et résignés, rempliront dans tous les camps leur mission de paix, et se feront adorer de tous les partis.

Les jeunes lévites n'ont pas encore atteint leur vingt-cinquième année, mais ils ont reçu l'onction sacerdotale des mains de notre vénéré Cardinal, et ils entrent dans l'âge mûr.

Non, mes Frères, pour eux cette expression n'est pas exacte. Dès l'instant de leur ordination, ils ont franchi les limites où courent les jeunes hommes et sont entrés dans la carrière où vivent les vieillards. Le prêtre tire son nom du respect qu'inspirent la vieillesse et l'autorité, et cette vieillesse, dit le célèbre Durand, n'est pas la décrépitude de l'âge, mais l'habitude de la sagesse ; *non propter decrepitam ætatem, sed propter sapientiam, presbyteri nominantur.*

Le bon Cardinal, qui savait bien tirer parti des hommes, n'éloigna pas nos jeunes prêtres, et nomma celui qui fait le sujet de cet entretien vicaire de Sainte-Croix d'abord et vicaire de Saint-Louis ensuite. Deux postes assurément toujours bien enviés, mais alors surtout qu'ils sont dirigés par des hommes d'un zèle à toute épreuve et d'une bonté semblable à celle de M. Berrouet et de M. Donis. Le premier était curé de Sainte-Croix, le second était curé de Saint-Louis. Le premier n'est plus de ce monde, le Seigneur l'a appelé à lui pour le récompenser du bien sans mesure qu'il a fait ; mais il nous a laissé le second, et il nous le laissera encore bien longtemps, pour que nous puissions profiter de ses leçons, de ses exemples, et jouir longtemps de son ineffable bonté. Enfant béni par lui, je pourrais en parler à mon aise, mais j'aime mieux ne pas mêler de doux souvenirs à mes larmes et ne pas me distraire de mon sujet.

Elevé par de pareils maîtres, après un vicariat de seize ans écoulés dans les plus belles paroisses de Bordeaux, l'abbé Tiphon avait ajouté à sa sagesse l'expérience des vieillards, et semblable au nautonier suffisamment familiarisé avec les surprises de l'Océan, il allait à son tour saisir seul le gouvernail ou la direction d'une paroisse. C'était en janvier 1867, notre bon Cardinal le nomma curé du Taillan.

Les poètes anciens ont chanté, sur leur lyre inspirée, un âge d'or que devait procurer à la terre le règne de la sagesse et de la justice ; ce devait être une époque de paix, de joie, de bonheur, hélas ! bien difficile à rencontrer dans ce dédale perpétuel où nous heurtons à chaque instant tant d'ennuis, tant de peines, tant de chagrins ! Eh bien ! ne dirait-on pas que ce rêve enchanteur s'est exécuté pour vous depuis l'arrivée de l'abbé Tiphon dans cette paroisse ? Et à présent que ce rêve s'est évanoui, maintenant que nous nous trouvons seuls en présence d'un passé qui n'est plus et d'un avenir que nous ignorons, vous n'avez pas assez de larmes, je le sais, pour pleurer l'immensité de votre perte. Dix-neuf années de travaux incessants ! Dix-neuf années de sacrifices, dont Dieu seul connaît l'étendue ! Dix-neuf années de prières, dix-neuf années d'épanchements affectueux ! Dix-neuf années uniquement consacrées à votre service ! Telle est, mes Frères, l'abrégé d'une vie digne d'un meilleur panégyriste. Je n'entreprendrai pas de la raconter ; ici je me sens trop au-dessous de ma tâche ; et puis, que vous apprendrais-je que vous ne sachiez aussi bien que moi ?

M. l'abbé Tiphon était, dans l'acception vraie du mot, votre père à tous ; il vous aimait autant et peut-être plus que ceux qui vous donnèrent le jour ; il ne vécut que pour vous. Comme il était heureux de vous rencontrer dans ce temple béni ! avec quelle affabilité, avec quelle bonté il s'entretenait avec vous ! il n'aurait jamais voulu voir la fin des cérémonies, parce qu'elles indiquaient le moment de votre départ ; et quoiqu'il vous parût un peu long, vous étiez quand même heureux de l'écouter, vous eussiez été désolés de lui faire de la peine. Et maintenant, je regarde la place où j'avais l'habitude de le voir, et je ne l'y trouve plus !... sa place est vide !... ce n'est plus lui qui vous parle, c'est moi..., c'est son ami !

O temple béni ! couvrez-vous d'un voile funèbre, pleurez avec nous l'oint du Seigneur, l'ange de cette Eglise, notre père, et que vos échos sacrés redisent toujours nos gémissements!

Cette bonté, qui trahissait dans le Temple saint les sentiments affectueux de l'abbé Tiphon, se manifestait au dehors et lui gagnait les cœurs. Il était d'une indulgence presque excessive, d'une condescendance qui tenait du prodige; il avait de ces prévenances, de ces attentions; il adressait de ces questions qui dénotent un intérêt profond et sincère. Aussi n'eut-il jamais que des amis, et je cherche en vain celui qui ait voulu, pendant ses cinquante-huit années d'existence, lui faire méchamment de la peine.

Parmi ceux qu'il honorait de son affection, il comptait aussi ceux qui ne partageaient pas ses convictions religieuses ; mais il leur inspirait, par sa réserve et sa prudence, un respect auquel s'ajoutent aujourd'hui les plus amers regrets.

La vie de votre père s'était écoulée sans bruit, humble, laborieuse, féconde, semblable à la source abondante qui va rouler ses eaux paisibles à travers les champs dont elle enrichit les moissons. Il avait réglé son temps pour suffire à tout; il ne transigeait jamais avec ses devoirs, avec ses prières prolongées, avec les pratiques d'humilité qui affermissent la foi et font jaillir comme d'une source profonde un torrent d'autres vertus. La mortification, la simplicité de ses goûts, l'ordre qu'il apportait dans ses affaires, lui permettaient d'établir sur son budget la part des pauvres, et quoique ses ressources eussent bien diminué, il trouvait néanmoins le moyen d'entretenir vos écoles, de décorer son église et de verser d'abondantes aumônes dans les mains des malheureux. On dit qu'il est mort d'une maladie de cœur; ah! je ne sais pas si la multiplicité des sentiments que le cœur produit, si les émotions tendres, affectueuses, si les sollicitudes, les inquiétudes qu'il inspire sont de nature à ruiner une organisation dont les rouages m'échappent, mais si leur répétition sans mesure peut exercer une influence fâcheuse sur l'état du cœur, je suis tenté de croire que les élans d'une charité sans cesse en éveil n'ont pas peu contribué à conduire au tombeau celui qui vous laisse orphelins.

Il y a quelques jours à peine, il paraissait en bonne santé et Dieu semblait vouloir le conserver longtemps à notre amour; mais un mal cruel dont on ne soupçonnait même pas l'existence, minait sourdement cette robuste constitution et l'abattit tout d'un coup. Il croyait n'avoir pas amassé assez de mérites, et dans l'espérance de recouvrer une santé qui lui permettrait de travailler encore à la gloire de Dieu, il fit un pas, un pas seulement, pour demander à son frère quelques soins ou pour mourir dans ses bras!

Se sentant blessé à mort, il se résigna à la volonté de Dieu et me dit : Je fais de grand cœur le sacrifice de la vie, mais inspirez-moi les pensées les plus nobles, les sentiments les plus élevés, les actes dignes du Dieu qui m'appelle; dites adieu à tous mes enfants, dites-leur que je les bénis, et conjurez-les de prier pour moi.

C'était son testament! la mort frappait déjà à sa porte, il lui dit d'entrer, il la reçoit comme il avait coutume d'accueillir ses amis, il la contemple d'un œil calme et serein; il converse familièrement avec elle; il lui dit que tout est prêt pour son voyage vers l'éternité, et presque aussitôt un ange prend son essor vers les voûtes éternelles;... votre père était mort!...

Et maintenant, cessez votre deuil, mes Frères, vous avez assez pleuré. Celui que vous aimiez nous a quittés pour aller au Ciel. Si nous imitons ses vertus, dans un jour prochain nous irons le rejoindre, et notre souvenir restera comme le sien impérissable; *in memoria æterna erit justus.*

Quand le soleil a fini sa carrière, l'œil se repose avec complaisance sur l'horizon longtemps empourpré des flots de lumière, et jouit du plus ravissant spectacle. Ainsi quand Dieu veut qu'un saint finisse ici-bas sa course, il peut l'arracher, sans doute, des bras de ses enfants, mais son souvenir ne périt jamais, parce que tout ce qu'il a vu, effleuré, touché, reste pour toujours embaumé, béni, sanctifié.

Ainsi soit-il.

Discours de M. LAPÈNE

Messieurs et chers Concitoyens,

Des voix plus autorisées que la mienne vous ont déjà dit et vous rediront encore ce que fut la vie sacerdotale de notre saint et excellent Curé, durant les dix-huit années de son ministère au milieu de nous.

Pour moi, Messieurs, me faisant l'écho de vos cœurs, je viens simplement, en votre nom à tous, et plus spécialement au nom des habitants de cette commune, rendre un juste et dernier hommage à celui que nous pleurons tous, à notre regretté et bien-aimé Pasteur.

Nous tous qui l'avons connu et qui avons été les témoins quotidiens de son dévouement, de sa charité et de sa bienveillance inaltérable, nous sommes dans la désolation, car nous venons de perdre le meilleur des amis.

Oui, Messieurs, M. l'abbé Tiphon était bien notre ami à tous, à tous sans exception. Sans exception aussi, j'ose le dire, nous subissions sa douce influence, et, quelles que fussent nos idées personnelles, nous nous sentions tous invinciblement attirés vers lui et subjugués par ce caractère si bon et d'une humeur toujours égale. Aussi emporte-t-il tous nos regrets.

Pasteur modèle, il avait su gagner l'affection et l'estime de tous ceux dont les intérêts spirituels lui avaient été confiés. N'est-ce pas là vraiment, Messieurs, le plus bel éloge qui puisse être fait de notre cher Curé?

Il a passé parmi nous en faisant le bien et en donnant l'exemple de toutes les vertus : c'est vous dire, Messieurs, qu'il a déjà reçu la céleste récompense et que nous devons compter, comme par le passé, sur sa paternelle intervention.

Que la famille de notre cher défunt, dont l'union si intime et si touchante est bien connue de vous tous, reçoive ici l'expression publique des sentiments de douloureuse sympathie avec lesquels nous nous associons tous à sa légitime et profonde douleur.

Discours de M. DUBOURDIEU

Fait au nom de la jeunesse du Taillan.

Permettez-moi d'adresser, au nom de la jeunesse du Taillan, un dernier adieu au regretté Pasteur que nous pleurons tous aujourd'hui.

Ce n'est pas l'éloge de ses éminentes qualités que nous voulons faire, cette tâche est réservée à des bouches tout autrement éloquentes ; nous voulons seulement payer un juste tribut d'amour et de reconnaissance à celui qui fut pour nous plein de bonté et de mansuétude, dirigea nos premiers pas dans les sentiers si difficiles de la vie, et nous porta toujours un vif intérêt.

Nous vous remercions, vénérable Pasteur, des peines que vous avez prises pour nous. Puisse le Dieu qui vous adresse un appel prématuré, vous donner à ses côtés une place digne de votre vie passée.

Nous répétons tous avec larmes ce cri de douleur qui retentit de toutes parts :

Nous avons perdu un père bien-aimé, et son souvenir restera longtemps parmi nous.

Bordeaux. — Imp. V. CRESPY, rue Gouvion, 18-20.